Umid yog`dulari

Saidqulova Nozima

© Saidqulova Nozima
Umid yog'dulari
by: Saidqulova Nozima
Edition: July '2024
Publisher:
Taemeer Publications LLC (Michigan, USA / Hyderabad, India)

ISBN 978-93-5872-461-5

© **Saidqulova Nozima**

Book	:	Umid yog'dulari
Author	:	Saidqulova Nozima
Publisher	:	Taemeer Publications
Year	:	'2024
Pages	:	36
Title Design	:	*Taemeer Web Design*

Saidqulova Nozima To`lqin qizi

17.02.1999 yil

Qashqadaryo viloyati Qarshi shahar

Qarshi Muhandislik-Iqtisodiyot instituti

3-bosqich talabasi

Dadajonim

Jajji ko`zlarimga sekin, termilib,
Qizim deya aytdi, xursand iymanib.
Qo`llarimdan tutib, qadam bostirib,
Xursand bo`lsam, kulib hamrohim bo`lib.

Kichik yutug`imni tan oldi ulkan,
Dunyolarga sig`mas mehr tuyaman.
Qonimda joni bor Dadajonimni,
Men shunchaki sizni yaxshi ko`raman.

Hamma ketdi mendan, qoqilgan chog`im,
Lek, xatoyim nadur bilmay boqaman.
Atrofim to`ladur soxta yoronlar,
Lek siz qoldingiz qiyin onimda.

Mansabim mendan, ustunmidi- yo,
Kechib ketdi, haqiqiy do`stlar.
Oyoqqa turmoqqa yo`q hech bir chora,
Dadajonim borligingiz, ulkan bir vafo.

Katta xatolarga yo`l quygan onim,
Yonimda turdingiz ulkan bir suyanch.
Yoningda har vaqt, men borman deya,
Hayotim to`ldirdingiz quvonch-u baxtga.

Illo siz bergan ishonch, uzin oqlaydi,
Bir kun kelib, bu kuch yuksalar mangu.
Bergan har zarga teng, o`g`itlaringiz,
Meni yo`limni yorug` etmog`i tayin.

Shuncha sodiqlik, shunchalik mehr,
Metin matonat manzili qayda.
Manzili yakkadur, tog`dek Otadir,
Baxtimizga bo`ling doim mushtarak.

Behbudiy nomi sharafli shoni

Dunyoni lahzaga keltirib bir on,
O`z bilimin ila yaratmish yurtni.

Maqsad aniq, yakkadir tanho,
Kelajakni ma`rifatli etmoq istagin.

Jaholat, ilmsizlik, mavh bo`lsin deb,
Ma`rifatni bunyod etmoq talabin.

O`z qalamin ila yozmish asarlar,
Asarlar, qatrinda buyuk darsliklar.

Asarlar so`zlaydi buyuk tarixni

O`zlikni anglash asos maqsadin.

,,Risolayi asbobi savod`` bo`ldi,
Maktablarg`a ulkan qamal tosh.

Buyuk ,,Samarqand``, ,, Oyina`` qaydadur,
Ma`rifatning buyuk, ko`zgusi jamdir.

Usuli jadid maktablar qayda,
Padarkushdek buyuk drama qayda.

Xalqni ko`z yosh ila chorlagan zinda,
Ilmsizlik so`zin yetkazgan jonga.

Dunyoga dong`i ketib shu onda,
Sahnani titratgan drammalar qayda.

Qarshi shahrinda abad hukumdir,
Behbudiy nomi sharafli shoni.

O`zlikdan kechib unutib bir zum,
Yaratdilar usuli jadid maktabin.

Yoshlik

Ex yoshlik,
Go`zal beboshlik.

Senda jamdir jami shodliklar,
Quvonch, kulgu, soddalik..
Hatto yig`laganda yuzda namoyon.

Bir zum bo`lding, mehmonim mening,
Men esa quvonib yurardim shodon .
Hayotim to`ldirib go`zal onlarga,
Hozir qaydasan tark etding meni.

Ex yoshlik
Chaman bog`ligim,
Onamning yopkan issiq nonlari.
Hali-hanuz eslatar seni..

Yana bir bora kelsayding qani,
Hayotim to`ldirib quvonch onlarga.
Seni quyvormasdim, tutib qo`lingdan,
Mahkam quchoqlardim, upib yuzingdan..

Ex yoshlik
Seni sog`inganim bor,
Kel, tezroq seni kutyapman zor-zor.
Sog`indim otamning erkalashlarin,
Qizalog`im deya aytkan so`zlarin..

Qo`llarimdan tutib, bosgan qadamlar,
Oltinga tengdir ushal onlarim..
Qalbimda bir kemtik hamon yig`laydi,

Azoblarga to`la dunyo tashvishidan.

Sen yo`qsan menda, bordir soxtalik,
Hayotim to`ladir iztiroblarga.
Yo`llar boqib seni izlayman,
Seni hamon kutgim intizor.

Injudek so`zlar

Dilimdagi bu so`zlar,
Ko`chsa mudom tilimga.
Zanjirdek bog`lanadi,
Tiziladi, injudek.

Qo`lin tutib ularni,
Tushirsam gar qog`ozga.
Bular go`zal, xushchiroy,
Ajib to`trlik, bayotdir.

Hayot zarvaraqlari

Hayot zarvaraqlarin, behos varoqlab,
Mungli ko`zlar ila, mayus boqaman.

Kecha kelgan edik zangor dunyoga,
Bir on tuxtamasdan o`tdimi yoshlik.

Qaygadur shoshdik-u manzil noaniq,
Yelib yugurdig-u, maqsad noaniq.

Hayot bir zumlik oqar daryodir,
Nahot endi qaytmas sokin bolalik.

Bir onda shoshib, lek o`tmog`i bor,
Hayot zarvaraqlarin to`ldirib baxtga.

Baxtni qo`lin tutib quvonchga taxtga,
Uyaltiring shu on qayg`uli damni.

Sizga yuzlanmoqchi bo`lgan so`zlarim,
Intiling, rivojlaning also tuxtameng.

Zero bu sokin diyor siz-u bizniki,
Hayot zarvaraqlarin porlasin nurli.

Onajon

Bir on ko`zlariga tikilib turib,
Dunyolarga sig`mas mehr ko`raman.
Shunchalik mehrni olgandir qaydan,
Men sizga o`xshashni istayman ona.

Matonat, eng katta sabr mujassam,

Qayg`uli damlar tark etar shu on.
Shodlikka to`ldirar munis onajon,
Men sizga uxshashni istayman ona.

Tikilib ko`z uzmay boqib turaman,
Yo sehrgarmi bilmay qolaman.
Nahotki shunchalik bo`lurmi inson,
Yo farishtami bilmay qolaman.

Balki irodasi yaralmog` toshdan,
Uzoq termilib boqaman ma`yus.
Savollar qolar, hech bir javobsiz,
Men sizga uxshashni istayman ona.

Sizga hech bir so`zni attang aytmabman,
Hayollar dunyoni kezmoq istaydi.
Ortimda qalqonim,duoguyim onajon,
Rahmat hayotimda borligingiz uchun.

Buloq

Bir buloqning bo`yiga,
Turar homish bir go`zal.
Qoshlari kamon,ko`zlar sehrli,
Tikilobon buloq suviga.

Durlardek tomchilar tim-tim,
Ko`z yosh ila so`zlar ma`yusda.
Buloq hayron, go`zal yuziga,
Nega ma`yussan, der har chan,

Go`zal boqib, so`zladi bir dam,
Hoy buloqjon, jon buloq.
O`zingsan, rostgo`y hamdilim,
Olislarda boqiboq,
Menga keltirgin bir xush xabar,

Otam, yo`q hech nishon,
U bo`lgan yerlarda,
Sen bo`lgaysan-ku, axir.
Iltimosim, qabul et.

Jon buloqjon, buloqjon,
Olis yurtlarda bo`lgin sen.
Va keltirgin, bir xush xabar,
Sendan iltimosim, shu.

Buloq sekin irg`anib,
Boshin siqqanday tulg`onib.
Berib quydi, ishora,
Qabul etdi taklifni.

Do`stlik

Hayot, deb atalmish bir yo`lga chiqdik,
Cheksizlikka yo`g`rilganmi hech bilolmadik.
Tikildik balkim ko`rarmizmi deb,
Lek, ko`rinmas manzilning boshi.

Qo`imdan tutding-u, berding ishonchni,
Sinovli kunlarda bo`lding yonimda.
Ba`zan kuldik, hurram kunlarda,
Ba`zan ko`z yosh ila, keldi ham kunlar.

Yiqilgan onimda bo`lding suyanchim,
Yonimda turding bo`lib yelkadosh.
Ishonch ila bosgan har qadaming,
Menga keltirdi bir olam baxtni.

Do`stlik zanjiri bog`lanmish jonda,
Ko`zda emas, yuzda emas, so`zda emasdir.
Jonga jon ulangan mangu rishtadir,
Seni borliging ulkan sadoqat asli.

Hali ko`p davonlar oshib yashaylik,
Bilimlar koniga shung`ib yashaylik.
Kelajakni bunyod etib yashaylik,
Haqiqiy do`stlik atalmish seni..

Qalb

Qalb ko`zgusi yashnamoq oni,
Go`zallik tomon talpinar oni.
Insonlar ichinda yashnamoq oni,
Yuz boshqadur qalbin boshqadur.

Dunyo aylanmish bevafo dunyo,
Yokim aylandikmi biz zolimlarga.
Ko`zga qarab aldanmish inson..

Nahot bevafolik avj oldi ustun,
Nafsimiz shunchalik bo`ldimi ustun.
Ota-ona yaqinlar ko`zga ko`rinmas,
Ona yig`lar qalbin og`rinida.

Yaqin inson bo`lib, bo`lmas yoningda,
Qalbinda nadir, ne kechar unda.
Holing ne deb so`ramas also,
Nahot yaqin inson bo`ldingizmi siz.

Qalblarni yig`latib topdingizmi orom,
Kuling quvonib yashang shu onda.
Lek, siz yig`latkan qalb uzin tiklaydi,
Siz attang deya qolarsiz mangu.

Dunyoni to`ldirib sizdek zolimlar,
Qalblarni yig`latib tun-u kunlarda.

Orom topolmassiz uylameng zinhor,
Qalbingiz singanda, qadrin bilasiz..

Xusnora qiz

Shadodlik, quvonchlar bari unda jam,
Bir jilmayish ila, etar mubtalo.
Soddalik, beg`ubor turfa ranglarda,
Ko`zlarni quvontirar Xusnora qiz.

Shag`tam-shag`tam qadamlar ila,
Maqsadlar sari, go`zal qadamlar.
Hayotda ildam orzular sari,
Go`zalligi kengdir Xusnora qiz.

Go`zalligi tengdir ajib gullarga,
Yuzlarida kulgu, yog`ilmish nurlar.
Shadodligi ila, mehr ulashar,
Tafti qaynoq Xusnora qiz.

Mehri daryo, bir daryo misli,
Yaxshilik qilishdan aslo tolmaydi.
Kulgichida bordir sehrli mehr,
Qalblarni mehrga to`ldirgan bu qiz.

Xush kelding bahor

Erta tongda mayin shabboda,
Esib sekin keldi ohista.
Qulog`imga aytdi shipirlab,
Bahor keldi, keldi bahoroy.

Ne ko`z bilan boqaman sekin,
Go`zallik avj o`rar xush sur`atlarda.
Qushlar sayrar baralla ovozda,
Falakni to`ldirib, charaqlar quyosh.

Daryolar, dengizlar to`lib oqadi,
Baliqlar suzadi, shuxchan quvonchda.
Bolalar shodon uynar baralla,
Bayramlar boshlanar quvonchli onda.

Onaxon, Otaxonlar xursand boqadi,
Toshqozonda qaynar sumalak.
Polvonlar avjida, kurashlar tushar,
Chavondoz otini qamchilar shu on.

Olamni to`ldirding kelib mehmonim,
Hammaga ulashib quvonchli damni.
Ko`zlar kulgudan boqadi har on,
Xush kelding bahor, bahorim mening.

She'riyatga oshno bu qalbim

She'riyatga oshno bu qalbim,
Har tong tegramda turar jilmayib.

Go'zal so'zlar izlab talpinar, har on
Yurak esa g'ovpirib urar.

She'riyatga oshno bu qalbim,
Izlanar, talpinar go'zallik tomon.

Qayon tomon bilmam boqadi,
Satrlarni izlaydi tinmay.

She'riyatga oshno bu qalbim,
Mavh bo'ldi, she'riyat oldinda.

Kitoblar, she'rlar qatra-qatradir,
Lek,yurak izlar o'z go'shasini.

Abdulla Oripov she'rlari mangu,
Har qatrinda, ibratdan nishon.

Dam kulgu yugurar yuzga, dam qayg'u,
So'zlaydi buyuk, kelajak ostonasidan.

Baytlar yozilmish yurak turindan,
Yurakdan chiqqan, har bir qatrindan.

Yuraklarga yetib, aylaydi shifo,
Ko`zlarga, yuzlarga baxsh etar kulgu.

She`riyatga oshno bu qalbim,
Meni chorlamoqda, har ko`chalarga.

Yurardim sokinlik, izlab ohista,
Endi bedor, utmoqda tunlar.

Yetaklaydi, go`zal turfa, manzillar sari,
She`rlarimda bordir bir so`zim.

She`riyat olami go`zal makondir,
Qalblarni jumbushga keltirar chaman.

Qishlog`im

Qishlog`im seni yodga olaman,
Seni eslatar o`sha tor ko`cha.
Paxsa uylar-u, kichik minora,
Eslatar gar seni, oqqan ariqlar.

Eslatar seni onam kulchasi,
Qishlog` o`rtasida qad bo`ylagan o`sha,
Daraxtlar ichida, ulkan chinordir,
Shu chinor eslatar seni, dam-ba dam.

Bolalagim utkandir senda,
Yig`lab yurgan edim,sening bag`ringda.
Kulib,quvonsam ham, sen eding maskan,
Qishlog`im mening beg`uborligim.

Bir bor seni ko`rmoq armonim,
Tikilib tuymayman sur`atlaringga.
Ota qishlog`imsan, Ona qishlog`im,
Ota uyim ham turar ma`yusda.

Soddalikka qurilgan do`stlik,
Senda qoldi, kulib ohista.
Ko`chalarda yugurgan damlar,
Seni eslatar shodon, bolalik.

Fasllar tuhfasi

Fasllar mudom, quvlashib yelar,
Ayoz qish sekin, tushar gilamin.
Tog-adirlar, oppoq bo`lib, bo`rkanar
O`z taravotin sochar butun olamga.

Qahratonda, otib jajji quloqchasin,
So`ngra sekin jilmayib,kelar bahoroy.
Zaminni to`ldirar, turfa gullarga,

Dillarda esa, mayin go'zal his.

Quyoshvoy zarrin, nurlarin sochar,
Olamga issiq, taftin taratar.
G'arq mevalar pishirib shu on,
Xalqin dasturxonin etar to'kinoy.

Sekingina, bulutoy boqib,
Olamga sepmish yomg'irlaroyini.
Olamda o'zgardi, go'zallik chiroy,
Yerga baxshladi, ajib bir nafas.

Daraxtlar kiyib oldi sariq tun,
Birin ketin kelib, bo'lib mehmonoy.
Yomg'iroy esa bo'ldi mezbonoy,
Bulutoy mayingina jilmayib quyar.

So'zlar

Dilimdadir so'zlarim,
Naqt tovlanib turar xil.
Terib olib ko'rganda,
Go'zal bayot unda jam.

Sayohatchilar

Yurtimizni to`ldirib, keldi sayyohlar,
Manzillari turfa, maqsad bittadir.
Go`zaligin ko`rmoq, diyorimizning,
Ta`rifi borgandir, beqiyos go`zal.

Manglayidan boqqan jamoli,
Ko`hna Samarqand-u, buyuk Buxoro.
Xivani aytishga tillar ojizdir,
Lazgisi dunyoga dong`i ketgandir,
Oqsaroy nomidek, go`zal diyordir.

O`zbekiston yurti, go`zal ekan deb,
Mehmondo`st, ajoyib diyor ekan deb.
Taomlari esa turfa mo`jiza,
Mo`jizaviy yurt, ertak diyor deb.

Sayyohlar kelsin,to`ldirib yurtim,
Mehmon qilaylik, xush keldingiz deb.
Axir mehmondo`st xalqdir elimiz,
Bag`riga olgaydir hatto, xabashni.

Bolaligim

Bolaligim o`tkan chaman bog`larim,
Kulib,yig`lab yurgan onlarim.

Oltingga tengdir, podshlik davrim,
Bolaligim, beg`uborligim.

Otamining jajji malikasi bo`lganim,
Onamning xushruy, go`zal siyrati.
Quvonchlarda,buzarib kulgan onlarim,
Dam kulib,dam yig`lab turgan onlarim.

Elim

Qadri baland, qadrdon elim,
Qadring mangu, qadding tik.
Elatlar ichinda, sharafli shoning,
Tarixing esa buyuk jasorat.

O`zing yakka yagona elim,
Ko`zim ochib,ko`rdim ilk seni.
Ona vatan deya,suyib Vatanim,
Ulg`aydi bag`ringda, buyuk kelajak.

Amir Temurdek jangchilaring bor,
To`maris jasoratidek, farzandlaring bor.
Bugungi yurtni barpo etkan, buyuk kalomdir,
Qadding yuksaltirgan, farzandlaring bor.

Ko`rogoni jadvali, ila,
Gardishni, zabt etdi Ulug`bek.

12 yoshida taxtga o`tirib,
Dunyoni boshqargan Boburlaring bor.

Qalamin ila dunyoni bitgan,
Olamni titratgan, Navoiying bor.
Shirin so`z, eng oliy shifo aslida,
Mehr esa yurakning asl darmoni.

Tabiylik ila, ayladi sog`lom,
Buyukdir ,,Tib qonunlari``,
Buyukdir Abu Ali ibn Sinoying.

Shamollar

Osmon uzra oppoq bulut,
Quyosh sekin, botib jilmayar.
Esar sekin, ohista shamol,
Yuzim siypalab, shivirlar ajib.

Bu shamollar so`ylar,
Ajib hislarni.
Yuraklarni qitiqlar, goho,
Ajib taralgan, shamol sadosi.

O`z domiga tortadi, ular,
Daraxtlarni silkitib turib.
Raqslarga chorlaydi goho,

Men keldim, xursandman.

Meni kutib oling, deya taralib,
Xomush chinor sochlarin.
Tarardi, o`z nigohida,
Qushlar aytar xush kelding.

Esa qolgin zavqliroq,
Senda etgummiz parvoz.
Sen bilan uynagaymiz, shodon,
Qizg`in, jushqin esadi,
Quvontirib, qalblarni.

Yoshlar

Hech qolishmas, uzga yurtlardan,
Ko`zimizda olov, yurakda shijoat.
Yangilik ustida tinmay izlanib,
Prezdentimiz ishonchin, albat oqlaymiz.

Yurtimizni quchar, har damda,
Zafar onlari-yu, qutlug` bayramlar.
Tun-kun izlanib, bir dam,
Bir kuch bo`lib rivojlanar, yoshlar.

O`zbekiston, go`zal hur diyor,
Yoshlari bordir, ulkan safarbar.

Imkoniyatlar bizning yo`l chirog`imiz,
Bu yoshlar uchun g`urur iftixor.

Chinoroy

Falakni ko`zlab, garchand,
Ulkan bo`lib buy cho`zgan.
Ulg`ayib unganida,
Negadir sochin yoygan.

Ko`zlagan maqsading,
Shu edimi chinoroy.
Sochlaring falakni,
To`sib quydi, hoyna-hoy.

Sarishtali bo`laqol,
Yig`ib olingin sochlaring.
Go`zal husni jamoling,
Ko`rsin, shoh-u gadolar.

Senga bo`lgan tuxmatlar,
Bo`lsin, soxta g`iybatlar.

Vatanim

Hislarim shamolida, uchgan dunyosan,
Yuragimda barq urib, yashnaganimsan.
Arosat yo`llarida, qo`limdan tutib,
Nurafshon chirog`im bo`lganim using.

Shamollar uchirar yurak hislarim,
Sen uzingsan tanho, using yagona.
Senga borib yetgaymi, oh nolalarim,
Yuragim turida using vatanim.

Bo`zlab yashamoqda, sening vaslingga,
Gardishing yagona, tuprog`ing buyuk.
Seni izlagayma, bo`lib parvona,
Gar, qanotsiz qushdekman.

Senga tamon uchar, sog`inch hislarim,
Bu hayollar qushlarga qiyos.
Qanotsiz qush bo`lolmasman hech,
Gar parvoz, etib qo`nsam tegrangga.

Tikilsam uzoq, xatmlaringga,
Gar bo`lsam-u go`zal bir baliq.
Dengizlar aro so`zzam qoshingga,
Gar, quyosh bo`lsam oningga.

Isitsam gozal, oshyonlaringni,

Oy bo`libon to`lib go`zaldek.
Tunlaringni yoritsam, har on,
Dilimda hislarim urar jush, urib.

Sening yoding ila, yashamoq onim,
Sening vasling ila ko`rmoq,niyatim.

Xudoyberdi Tuxtaboyev

Ertaklarni yozib, dam,
Hech tolmaysiz bobojon.
Bolalarni shod aylab,
Xursand bo`larsiz, shul dam.

Ertaklarda yashaysiz,
Yozasiz chin yurakdan.
Bolalarni qalbini,
Maftun aylaysiz bir dam.

Ertak-u, hikoyalarda,
Jo bo`lgandir bolalagingiz.
Qaytib turib onlarga,
Yozasiz go`zal asar.

Buvjonim aytkan,ertaklari,
Qahramoni bo`lgaysiz.
Ertak tamom…..

Xudoyberdi Tuxtaboyev,
Deganda yuragimda yashaysiz.

Ilk kitob

Qo`llarimda edi, ilk olgan kitob,
Qalingina edi, go`zal muqova.
Ranglari esa beqiyos did,
Yozuvlari esa, og`ar edi goh.

Satrlarni to`ldirgan jumla,
Harflar tizilgandi, durlari misoli.
Dengizdek barq urar har choq,
Varoqlar so`zlagay go`zal shitirlar.

Muallif turardi basavlat,
Buyuk edi А.С.Пушкиннинг o`zi.

Bu kunlar

Qalbni og`ritgan mudhish,
Bu so`zlar-u..,
Bu kunlar,
Menga mungli boqadi.

Istiroblar to`ladir har on,

Sen ketting negadir olis.
Bu kunlar,
Bu so`zlar.

Hamon derazam, uzra muralar,
Sen bedil aylading, mahkum.
Shu ikki, zulmat poysizlar ila,
Tegramda turar, kulmaydi hech.

Chalar har tong, mag`zun kuyini,
Seni eslataman deya chog`lanar.
Saslarida yangrar sening ovozing.

Xatlar

Telbanomus yozgan xatlarim,
Turaverar javonlar uzra.
Seni bo`zlab eshik, termilar,
Sendan darak, yo`q hanuzgacha.

Yozaverar bu qalamlarim,
Seni yoding, xatlar uzra.
Seni kutib hamon bo`zlanar,
Chang tuzon, uzra yotardi.

Qani endi bir bora.

Koshonamga aylasang tashrif,
Seni pinhon ko`rib,
Bo`klardim men shod.

Yomg`ir

Osmon tinmay, ko`z yoshlar to`kar,
Atrof shalabboda, xomush o`tirar.
Darding so`yla, cheksiz ey osmon,
Nega buncha ko`z yosh to`kasan.

Seni qaygumroh soldi bu kuyga,
Tinmay to`karsan, tim-tim ko`zyoshng.
Jilmay qani bir ko`ray endi,
Atrofimni qopladiku, qora bulutlar.

Seni ahvoling hali hanuz tang,
Bir og`iz so`ylashni, etgumsanda jim.
Darding to`k, men tinglagayman,
So`zlashaylik sen bilan uzoq.

Osmon sekin boshin ko`tarib,
Kuz keldi, menga keltirdi qayg`u.
Paymonasi to`la, ko`zlari ila,
Bag`rimni to`ldirdi, to`la qayg`uga.

Tun

Tun quynida, cho`mdi sukunat,
Ohista shamol, esadi mayin.
Ko`kda oy, termilib mudrardi hanuz,
Chigirtkalar sekin, kuyin chaladi.

Sokin tun allasin, ohista taratib,
Olamni uyquga, ohista cho`mar,
Suvlar shitir etib, oqadi sekin,
Mayin shabbodada, tun tilar.

Tunda chitirlar, mayin yaproqlar,
Tonggacha hanuz so`zlashar bot,bot,
Chor atrof ham borar xush-ohang,
Tun cho`kadi, sekin domiga.

Lolaqizg`aldoq

Meni bag`rim tilgan,o`sha to`p alvon,
Tikonlarsiz uyding, mening qalbimni.
Yaproqlaring uzra, tutib qo`limdan,
Qo`llarimda qoldi, mayin iforing.

Seni gar olsam, uzoq yodimga,
Hayolimga kelar, sokin ma`yuslik.

Seni alvonlaring, eslatar hanuz,
O`sha go`zal onlar-u,
Jilmaygan chehra.

O`zga gulga bo`lmam, hech oshiq,
Qalbim seni deydi ohista.
Lolajon, lola, lolaqizg`aldoq.

Gulzorda

Nurafshon kechalarda,
Qalbim taskini, senda.
Oydin ko`chalarda,
Xushbuy hidligim, senda.

Senda jodir barchasin,
Qalbim ko`zgusi,senda.
Gullaring shaydo aylar,
Nafis ranglari, ila.

Kapalaklar ajabon,
Parvozlar etar, jushibon.
Gulchambarlar yarashgan,
Go`zal gulzorim mening.

Dunyo

Bu utkinchi dunyo,
O`tib ketadi.
Dur-u zarlarin,
Olib ketadi.

Shuncha sultonlardan,
Qolgan bu dunyo.
Siz-u bizdan ham,
Qolib ketadi.

Yig`lab, uksinib yashamoq,
Nechun
Bugun o`tsa erta kelaveradi,
Bu kungil g`ami ham,
Bo`ladi unut.

Ertangi kun kulib kelaveradi,
Bu karvonboshi to`xtamas, also.
Bizsiz ham bu quyosh chiqaveradi,
Tun-u, kunlar berib qo`l, aylanaverar.

Falak esa jim qolaveradi,
Meni shodon qarshilab olgan,
Bu dunyo.
Ertaga mensiz ham kulaveradi.

Yurak

Yurak seni ko`rmoq istamas,
Lek, qo`llari uzra sening sur`ating.
Nega jovdirab boqasan hanuz,
Unutdim deya yig`laysan, nega.

Nega shunchaki quymaysan, unutib,
Shamollar kelsa quygil meni, tinch.
Deya, asragaysan yurak qo`ringda,
Yomg`ir kelib qolsa, nogohon.

Oqizib ketmagin, deysan yolvorib,
Charaqlab quyosh chiqsa boshingga.
Kuydirib utmagin deysan,taningni,
Tunlardan qizg`onib bag`ringga bosib.

Kunlardan iymanib, yashirib quyib,
Bunchalik intizor bo`lmagin yurak.
Seni unutdiku butgul unutdi,
Ortiga qaytmas bo`lib unutdi.

Sen e`zozlab kutgaysan nega,
Yaxshi ko`rasanmi shunchalar,uni.
Ishq ummoni begoni, endi,
Sevgining bahori qoqmas eshiging.

Hatto yo`qlab kelmas, bir gado seni,
Seni istaging shul edimi, yo.
Bevafolar ketar, ul manziliga,
Bedarak atalmish ul manzillari.

Mundarija

Dadajonim.................	4
Behbudiy nomi sharafli shoni.........	5
Yoshlik....................	6
Injudek so`zlar.................	8
Hayot zarvaraqlari...........	8
Onajon........................	9
Buloq............	10
Do`stlik.......................	12
Qalb.............	13
Xusnora qiz....................	14
Xush kelding bahor...........	15
She`riyatga oshno bu qalbim............	16
Qishlog`im.....................	17
Fasllar tuhfasi.................	18
So`zlar....................	19
Sayohatchilar..................	20
Bolaligim....................	20
Elim..............	21
Shamollar...................	22
Yoshlar......................	23
Chinoroy..................	24
Vatanim......................	25
Xudoyberdi To`xtaboyev..............	26

Ilk kitob…………………….. 27
Bu kunlar…………………... 27
Xatlar…………….. 28
Yomg`ir…………………….. 29
Tun…………….. 30
Lolaqizg`aldoq……………... 30
Gulzorda…………………… 31
Dunyo……………. 32
Yurak…………….. 33

Printed in the USA
CPSIA information can be obtained
at www.ICGtesting.com
CBHW071827300724
12432CB00025B/717